Wege zur Musik-Improvisation

Anregungen zur Wiederentdeckung des freien, kreativen Spiels

Kontakt: www.HarryEilenstein.de
Harry.Eilenstein@web.de
Harry Eilenstein bei youtube

Herstellung und Verlag: BoD – Books on Demand, Norderstedt

ISBN: 9783755734987

Inhaltsverzeichnis

1. Improvisation, Variation, Tradition

Die Improvisation ist im Kern ein unvorbereitetes Handeln, eine Entscheidung die im Augenblick gefällt wird, eine spontane Bewegung.

Natürlich hat auch eine Improvisation eine Vorgeschichte, einen Hintergrund und ein Fundament, da sich in der improvisierten Entscheidung und Bewegung eines Menschen dessen Werte, Ziele und Lebensumstände ausdrücken. Zudem werden in der Improvisation auch die eigenen Kenntnisse und Fähigkeiten benutzt.

Die Improvisation ist ungeplant – d.h. man hat hat kein fertiges Handlungsmuster, das man auf eine bestimmte Situation anwendet, sondern man schaut und entscheidet im Augenblick.

Im Improvisation ist im Wesentlichen das Ruhen im Hier und Jetzt und das Handeln aus dem Hier und Jetzt heraus – sozusagen „Taoismus".

Bei der Variation gibt es ein Grundmuster, dem man folgt, das man jedoch der Situation entsprechend abändert. So können z.B. bei einem Tanz die Bein-Bewegungen festgelegt, aber die Arm-Bewegungen innerhalb eines gewissen Rahmens frei sein.

Die Variation kann auch nur in der Art der Bewegung liegen, also schneller oder langsamer, runder oder eckiger, fließender oder zackiger, kraftvoll oder entspannt usw. Diese Form der Variation würde man jedoch eher „Ausdruck" nennen.

Schließlich gibt es noch die festgelegte Bewegung, die man Tradition, Vortrag, Aufführung usw. nennen kann. Hier ist alles geplant und festgelegt – man weiß im Voraus, wann was geschehen wird und was man wann machen wird.

Es gibt nicht nur die Planung, die einen Ablauf genau festlegt, sondern auch die Planung, die für bestimmte Situationen ein bestimmtes Verhalten vorschreibt.

Improvisation und Planung sind natürlich nicht scharf voneinander getrennt, sondern gehen fließend ineinander über – wobei die Variation ungefähr in der Mitte zwischen beiden steht.

So hält sich z.B. fast jeder, der frei tanzt, also seine Bewegungen improvisiert, dennoch weitgehend an den Takt und den Rhythmus der Musik – und auch jeder, der ein bestimmtes Musikstück aufführt, wird immer auch seinen persönlichen Ausdruck in die Aufführung des Musikstückes miteinbringen.

Trotz dieses fließenden Überganges zwischen Improvisation und Planung hat die Improvisation einen ganz bestimmten Charakter und ruht auf mehreren Fundamenten.

2. Wo wird improvisiert?

Das Wesen der Improvisation wird deutlicher, wenn man sich anschaut, wo überall improvisiert wird. Das wichtigste ist das Spiel – angefangen vom Burgenbauen im Sandkasten über das Bauen mit Lego-Steinen bis hin zum Liebesspiel. Alle diese Spiele können natürlich auch geplant werden und es gibt für viele Spiele feste Regeln (Fußball) und zusätzliche Abmachungen (Taktik bei einem bestimmten Fußballspiel), aber im Wesentlichen ist die Bewegung erst einmal frei.

Wenn man alleine spielt, ist man am Regel-unabhängigsten, d.h. man kann am freiesten improvisieren. Wenn man als Gruppe spielt, gibt es immer eine Grundlage von Regeln.

Man kann Improvisation auch beim Wandern, beim Kochen, beim Malen, beim Musikspielen, im Theater, auf Partys, beim Kennenlernen von Menschen usw. kennenlernen und benutzen.

Tendenziell ist Arbeit geplant und Freizeit improvisiert, aber das gilt natürlich auch nur in begrenzter Weise: Ein Vertreter, ein Berater oder ein Unternehmensleiter braucht auch die Fähigkeit der Improvisation, weil er ständig auf Situationen trifft, die neu für ihn sind – wenn er immer nur nach „Schema F" vorgeht, wird er nicht sehr effektiv sein. Andererseits wird man sich auch beim Tennisspielen mit seinem Freund an die Tennis-Regeln halten – sonst wird man kaum einen Spielpartner finden.

Das Improvisieren tritt auch immer dann auf, wenn ein Plan durchgeführt werden soll, aber es auf einmal deutlich wird, daß der Plan und die Umstände nicht zueinander passen.

Der Plan ist eine übergeordnete Struktur – sozusagen der 2. Stock eines Hauses. Wenn er nicht funktioniert, geht man einen Schritt hinunter Richtung Basis in den 1. Stock des Hauses, wo sich die Variation befindet. Wenn auch das nicht weiterhilft, kehrt man zu der Improvisation im Erdgeschoss zurück, die etwas neu erfinden kann. Die Grundlage für alle drei Stockwerke sind die Bedürfnisse und Ziele im Keller dieses Hauses.

Das geplante Handeln ist weiter „oben" in dem Haus „in Kopfnähe" angesiedelt. Es ist effektiv, wenn es zu der Situation paßt, in der es angewendet werden soll. Es ist ein Aufbau in der Psyche oder in einer Gemeinschaft, der durch Regeln und Festlegungen die Effektivität erhöhen kann.

Die Improvisation ist einfacher und weiter „unten" in dem Haus „in Bauchnähe" – sie schaut nicht so weit in die Zukunft, sondern mehr auf den Augenblick.

3. Die Grundlagen der Improvisation

Bei der Improvisation gibt es zwei Elemente, die eng miteinander verwandt sind: Die Improvisation ist selbstbestimmt und sie macht in der Regel Freude. Es gibt natürlich auch die Situation, daß man sich beim Wandern verlaufen hat und für die nächste Nacht improvisieren muß, und man muß auch in einer Gefahrensituation mit dem improvisieren, was man gerade zur Verfügung hat – spätestens, wenn man eigene Kinder hat, wird man des öfteren improvisieren müssen, weil die Dinge nicht so laufen, wie man sie geplant hat.

Improvisation ist also das Anstreben des bestmöglichen Ergebnisses aus dem Augenblick heraus und ohne vorherige Planung.

Planung geschieht aus dem Kopf heraus – Improvisation geschieht aus dem Herzen, dem Gefühl und der Situationswahrnehmung heraus. Für die Improvisation sind daher das „in sich Ruhen" und eine möglichst große Präsenz notwendig. Ohne diese beiden Qualitäten kann man seinen Weg in der augenblicklichen Situation nicht finden …

Es gibt noch eine dritte Qualität, die für die Improvisation notwendig ist. Bei der Planung wird ein Verhalten vorgegeben und notfalls mit Gewalt durchgesetzt – z.B. bei den Verkehrsregeln oder beim Ausfüllen der Einkommensteuererklärung. Die Planung drückt dem Individuum also von außen her eine Form auf – die ja z.B. wie bei den Verkehrsregeln durch aus sinnvoll sein kann. Bei der Improvisation hingegen geht das Individuum auf die Situation ein und macht das Beste aus ihr – der Betreffende muß also nicht nur sich selber kennen und wahrnehmen, sondern er muß auch die Situation möglichst vollständig erfassen.

Die Intuition ist also fest im Hier und Jetzt verankert – und nimmt dabei sowohl sich selber als auch die eigene Umgebung wahr.

Der gestaltende Impuls bei der Improvisation ist der Selbstausdruck, der sich in der betreffenden Situation als ein konkretes Ziel zeigt. Dieses Ziel kann vieles Verschiedenes sein: Man will einfach Spaß haben, man führt ein Gespräch mit einem interessanten Unbekannten, man will jemanden verführen, man will überleben, man will auf seiner Trommel auf einer Malerei-Ausstellung das Element „Feuer" trommeln, man sucht den Weg zum nächsten Baggersee um dort zu schwimmen usw.

Es gibt bei der Improvisation also zunächst einmal die eigene Motivation und die Situation, in der man sich befindet. Beides muß möglichst klar wahrgenommen werden, damit die Improvisation erfolgreich sein kann. Auf dieser Grundlage wird dann im Hier und Jetzt entschieden, was man tut.

4. Wege

Wenn man Musik-Improvisation lernen will, beginnt man damit am besten auf einem Instrument, das man noch nicht kennt. Dieses Instrument kann ganz einfach sein – ein Blockflöte oder eine ganz billige Gitarre oder auch eine kleine Trommel.

Der erste Schritt ist sehr schlicht: Man schaut sich das Instrument einmal genau an. Wie ist es aufgebaut? Aus welchen Materialien besteht ist? Welche beweglichen Teile gibt es?

Dann kann man leicht daran klopfen – an den verschiedensten Stellen – auch an denen, die offensichtlich nicht dafür vorgesehen sind. Welcher Klang entsteht an dieser Stelle?

Wenn man diesen Schritt gründlich machen will, kann man sich auch einmal in einem Musikinstrumenten-Geschäft oder im zumindestens im Internet andere Versionen dieses Instruments anschauen.

Dieser erste Schritt dient dazu, das Instrument wirklich kennenzulernen – denn wie soll man sonst mit ihm vertraut werden können?

Der zweite Schritt besteht darin, zu schauen, welche Töne man auf dem Instrument erzeugen kann.

Wenn man eine Trommel hat, schlägt man man mal leichter, mal fester auf das Trommelfell. Man schlägt mal in der Mitte, mal am Rand. Man schlägt mal mit fester Hand, mal mit lockerer Hand, mal mit dem Handballen, mal mit den Fingerspitzen. Mal schlägt man auf einen bestimmten Punkt, mal „wischt" man bei dem Schlag über das Trommelfell.

Wenn man eine Flöte hat, versucht man alle erdenklichen Fingerhaltungen – man schaut, welche Töne entstehen, wenn man welches Loch verschließt. Man kann auch einmal Löcher nur halb schließen oder während man bläst, ein Loch ganz langsam schließen oder öffnen. Man kann verschieden stark blasen. Man kann beim Blasen summen. Man kann ganz sanft blasen oder stoßartig blasen. Man kann jeden Ton einzelnen anblasen oder bei einem durchgehenden Blasen verschiedene Töne hintereinander spielen.

Wenn man eine Gitarre hat, kann man eine Seite genau in der Mitte zupfen oder über dem Klangloch oder ganz am Bauchende der Saite oder ganz am Kopfende der Saite. Man kann auch mit dem Fingernagel an der Saite entlang streichen. Man kann einen Finger der linken Hand genau auf einen Bund (Metall-Querstab auf dem Griffbrett) legen oder genau links von ihm oder genau rechts von ihm. Man kann einen Ton anspielen und dann mit dem linken Finger über das Griffbrett gleiten. Man kann einen Ton anspielen und dann sofort wieder den rechten Finger lose auf die Saite legen. Man kann auch den linken Finger am Kopfende, über dem 7. Bund oder über dem 12. Bund leicht auf die Saite legen, den Ton anspielen und sofort den linken Finger wieder hochheben.

Wenn man eine Geige hat, kann man die Saiten wie bei der Gitarre an verschiedenen Stellen zupfen und mit dem Geigenbogen an verschiedenen Stellen anstreichen. Man kann beim Streichen mit dem linken Finger auf dem Griffbrett entlangfahren.

Man kann all diese Instrumente mal im Stehen, mal im Sitzen und auch mal im Liegen spielen. Man kann sie auch verschieden halten – die Gitarre senkrecht vor sich, die Geige nicht an den Hals gelehnt, sondern an den Bauch usw.

All diese „Experimente" dienen dazu, das Instrument und seine vielen Möglichkeiten kennenzulernen.

Der dritte Schritt ist ebenfalls sehr einfach, aber er dauert deutlich länger: Man spielt das neue Instrument ein Jahr lang ohne irgendwelche Noten zu benutzen oder bekannte Lieder zu spielen. Es geht dabei darum, daß Instrument nicht zu erlernen, sondern auf ihm im wörtlichen Sinne zu spielen. Dadurch erforscht man das Instrument. Und durch dieses Erforschen wird das Instrument schließlich zu einem „verlängerten Arm".

Das Ziel der drei ersten Schritte ist es, daß das Instrument einem so vertraut wird wie ein Körperteil. Wenn man dann einen bestimmten Ton mit einer bestimmten Klangfarbe und einem bestimmten Ausdruck spielen will, weiß man, was man dafür tun muß.

In diesem ersten Jahr lauscht man auch auf die Stimmungen der Tonfolgen, die man spielten kann. Wie klingt es, einen Ton und danach den Ton zwei Schritte höher oder tiefer zu spielen? Wie klingt es, wenn man diese Töne langsam nacheinander spielt oder schnell?

Natürlich ist hier nicht gemeint, daß man die ganze Zeit nur auf technische Weise das Instrument erforschen soll – man sollte durchaus Melodien spielen, aber dabei immer lauschen, wie sie klingen, welche Stimmung sie haben. Das Ganze sollte von der Grundstimmung her immer spielerisch bleiben, auch wenn man immer wieder mal Dinge einfach ausprobiert.

Dadurch, daß man immer wieder einfach das spielt, was gerade kommt (selbst wenn das nur ein unbeholfenes Umhertasten sein sollte), weiß man irgendwann, welche Tonfolgen welchen Stimmungen entsprechen. Dadurch wird das Instrument zu einer neuen Stimme, die man hat. Wenn man spricht öder Töne singt, muß man auch nicht bewußt auf den Klang, die Tonhöhe und die Lautstärke achten – man weiß, wie das geht.

5. Handwerkzeug

Man kann nicht generell sagen, ab wann man „musiktheoretische Informationen" hinzunehmen sollte – gleich am Anfang des Improvisations-Jahres oder erst in der Mitte oder erst nach einem Jahr. Man sollte diese „technischen Dinge" auf jeden Fall zurückhaltend dosieren und mit allem, was man als Technik hinzunimmt, solange spielen, bis die Technik von etwas Gelerntem zu etwas Erlebtem geworden ist.

Wenn man liest, daß eine Quarte härter klingt als eine Quinte, dann ist das gelernt. Wenn man beim Spielen auf seinem Instrument abwechselnd fünf Halbtöne und dann wieder sieben Halbtöne höher geht und auf den Klang lauscht, dann wird das zum Erlebnis. Dabei ist es dann ratsam, sich auch andere Intervalle, also Ton-Sprünge anzuhören wie drei, acht oder zwölf Halbtöne.

Jegliche Technik muß sozusagen so verdaut werden, daß sie zu einem Erlebnis und dadurch zu einer Selbstverständlichkeit, einer Klang-Möglichkeit wird. Auf diese Weise erhält man sich die Freiheit, die man für das Improvisieren braucht – dabei will man sich schließlich nicht in Regeln bewegen, sondern sich selber ausdrücken.

Folglich kann man auch in Maßen Musik-Theorie lernen, aber man sollte sie stets als Anregung auffassen und nicht als Regel. Wenn die Musik-Theorie einem neue Möglichkeiten deutlich macht, dann ist sie der Improvisation förderlich – wenn sie einen auf bestimmte Spielweisen festlegt, ist sie hinderlich.

Auf manchen Instrumenten wie z.B. der Flöte kann man immer nur einen eizelnen Ton spielen – auf manchen Instrumenten wie der Geige, der Gitarre und der Harfe kann man mehrere Töne spielen und auf einigen wie dem Klavier und der Orgel bis zu zehn Töne gleichzeitig.

Hier gibt es ein reiches Feld zum Ausprobieren. Welche Töne klingen zusammmen wie? Welche Klangfarbe haben sie? Welche Stimmung drücken sie aus? Woran erinnert das?

Man kann auch aus einem Lehrbuch z.B. einige Gitarren-Akkorde lernen, aber man sollte dann nicht versäumen, diese Akkorde auch einmal ein wenig abzuwandeln und zu lauschen, wie der Akkord dann klingt. Es geht bei der Musik-Improvisation nicht darum, ein System zu erlernen, sondern darum, seine Freiheit zu bewahren und dem Ausdruck dieser Freiheit immer mehr Möglichkeiten zu geben.

Ein wichtiges Element der Musik ist der Takt. Man sollte am Anfang jedoch nicht auf ihn achten, sondern Töne so hintereinander spielen wie Kinder singen – eben ohne jeden Takt. Das mag anfangs ungewohnt sei, da „taktlose Musik" heute ausgesprochen selten ist. Das einzige bekanntere Beispiel ist vermutlich „Cluster One" auf der CD „The Division Bell" von Pink Floyd. Es lohnt sich, sich einmal dieses Stück anzuhören – es ist deutlich zu hören, ab welcher Stelle das Stück dann einen Takt hat.

Dann kann man verschiedene Takte ausprobieren. Am einfachsten geht dies, indem man immer denselben Ton in demselben Zeit-Abstand spielt, aber verschieden laut. Den ersten Ton eines Taktes spielt man laut, die übrigen leise. „Ein Ton laut, einer leise" wäre ein 2/4-Takt; „ein Ton laut, zwei leise" wäre ein 3/4-Takt; „ein Ton laut, drei leise" wäre ein 4/4-Takt; „ein Ton laut, vier leise" wäre ein 5/4-Takt usw.

Es gibt vor allem in der orientalischen Musik sehr komplexe Takte, die jedoch beim Erlernen der Musik-Improvisation eher hinderlich als nützlich sind, da sie eine sehr große Aufmerksamkeit auf ein komplexes Gebilde erfordern und somit den „Kopf" betonen.

Wenn man diese Takte eine Weile immer auf demselben Ton gespielt hat, kann man die Töne variieren und auch längere Töne und kürze Töne hinzunehmen. Das Spielen eines Taktes auf nur einem Ton dient dazu, ein Gefühl für diesen Takt zu bekommen. Wie fühlt er sich an? Wer Stimmung ruft er hervor? Wie ändert er sich, wenn man ihn schneller oder langsamer spielt?

Es geht auch hier nur darum, mit den Möglichkeiten vertraut zu werden und diese Möglichkeiten eben nicht zu erlernen, sondern sie ausgiebig zu fühlen. Dann sind sie kein Konzept mehr, sondern ein Erlebnis – und ein Erlebnis ist etwas, was man im Hintergrund als „Schatz" bewahrt, den man dann beim Improvisieren jederzeit spontan zur Verfügung hat.

Der Rhythmus ist dem Takt nah verwandt, aber trotzdem etwas anderes.

Der Takt bestimmt lediglich, nach wievielen Tönen (z.B. nach drei Viertel-Noten) eine Melodie-Einheit zuende ist – jeder Takt beginnt (in der Regel) mit einer neuen Note. Die Noten in dem Takt können verschieden lang sein, aber sie fügen sich in den Takt, d.h. die Summe aller Noten in einem 4/4-Takt sind immer vier Viertel. Dadurch kann man z.B. immer auf die erste Note eines Taktes einen Trommelschlag zu der Melodie spielen – dieser Trommelschlag paßt immer in die Melodie und stört sie niemals.

Während der Takt somit eine feste Grundordnung ist, ist der Rhythmus die Betonung der Noten innerhalb dieser Ordnung. In den allermeisten Fällen ist die erste Note eines Taktes betont, d.h. sie wird lauter gespielt, sie wird durch einen Trommelschlag oder eine Baßnote hervorgehoben usw. Man kann jedoch auch z.B. bei einem 4/4-Takt die erste und die dritte Note betonen oder auch die zweite Note (wobei die erste Note dann immer eine Viertel-Note ist).

Es vermutlich sinnvoll, sich zunächst einmal nicht allzuviele Gedanken über den Rhythmus zu machen, sondern einfach in verschiedenen Takten zu improvisieren – dann werden irgendwann auch verschiedene Rhythmen auftreten.

Es gibt auch noch etwas, das dem Rhythmus verwandt ist: Wenn man einen 3/4-

Takt spielt, kann man in den meisten Takten dieselben Notenlängen verwenden, z.B. „Viertelnote – Halbe Note" oder „Viertelnote – Achtelnote – Achtelnote – Viertelnote". Diese Art von Regelmäßigkeit ruft eine Stimmung hervor, die dem Rhythmus recht ähnlich ist.

Wenn man schon eine Weile improvisiert hat und nach etwas Neuem sucht, kann man auch Triolen ausprobieren.

Ein 4/4-Takt hat innerhalb eines Musikstücks immer dieselbe Länge, die in vier Viertel aufgeteilt wird. Der erste Ton dieses Taktes ist immer gleichweit von dem ersten Ton des nächsten Taktes entfernt – z.B. 12 Sekunden. „12 Sekunden" sind natürlich extrem langsam, aber diese Dauer erleichtert die folgende Erklärung.

Bei einem 4/4 Takt würden dann die vier Viertelnoten jeweils 3 Sekunden lang dauern – eine halbe Note würde 6 Sekunden dauern.

Eine Triole würde diese 12 Sekunden jedoch in drei Teile aufteilen, d.h. ein Ton dieser Triole würde 4 Sekunden dauern. Diese drei Triolen-Töne würden zusammen dann wieder $3 \cdot 4 = 12$ Sekunden dauern, also sich an die Dauer dieses 4/4-Taktes halten.

Meistens dauert es eine Weile, bis es einem gelingt, Triolen zu spielen – der Kopf muß sich an eine solche veränderte Aufteilung des Taktes in drei statt vier gleichlange Noten erst einmal gewöhnen.

Triolen sind daher etwas, was man ausprobieren kann, wenn man mal Lust auf etwas Anspruchsvolleres hat.

Triolen können eine interessante neue „Farbe" in einen Rhythmus bringen.

Wesentlich einfacher ist es, in einer Melodie mit leisen und lauten Passagen zu experimentieren.

Man kann auch die Melodie schneller oder langsamer werden lassen – auch das hat interessante Effekte.

Man sollte dabei jedoch immer spielerisch bleiben – diese ganzen Anregungen sind nur „Hinweise auf Spiel-Möglichkeiten", sozusagen eine Kiste voller musikalischer Spielsachen.

Man kann sich auch einmal einzelne Aspekte von Melodien anschauen und nachspüren, welche Wirkung sie haben, welche „Farbe" und welche Stimmung sie erzeugen.

Die Größe der Schritte zwischen einem Ton und dem Ton, der auf ihn folgt, ist dafür letztlich immer die Grundlage – das ist meistens eines der ersten Dinge, für die man ein Gespür bekommt. Oft macht man dabei anfangs nur kleine „Tonsprünge" von einem Halbton bis drei Halbtönen. Es lohnt sich daher, auch mit größeren Tonsprüngen (Intervallen) zu experimentieren.

Was passiert, wenn man z.B. jeden Melodieteil mit demselben Grundton beginnen läßt und dann als zweiten Ton jeweils die Quinte dazu (sieben Halbtöne weiter oben) spielt, aus der sich dann die Melodie ergibt? Und was passiert, wenn man z.B. am Anfang jedes zweiten Taktes stets denselben Ton spielt?

Außer mit solchen systematisch in der Melodie angeordneten großen Tonsprüngen kann man natürlich auch mit unerwarteten, also unsystematisch verteilten großen Tonsprüngen experimentieren.

Ein ähnliches Phänomen, das zunächst einmal eher unauffällig ist, aber eine große Wirkung hat, ist das Verhältnis des ersten Tones einer Melodie zu dem letzten Ton einer Melodie. Um das zu erforschen, kann man kurze, improvisierte Melodien von 5-10 Tönen spielen und auf demselben Ton enden wie man begonnen hat – oder man endet 12 Halbtöne (Oktave) weiter oben oder unten, fünf Halbtöne (Quarte) weiter oben, sieben Halbtöne (Quinte) weiter oben usw.

Noch ein anderer Aspekt ist die Melodie-Entwicklung. Sie kann einfach vor sich hinfließen und immer neue Formen erschaffen. Sie kann jedoch auch bestimmte Themen wiederholen. Solch ein Thema ist eine Notenfolge, die meist nur ein oder zwei Takte lang ist.

Man kann mit solchen Themen auch wie mit LEGO-Steinen spielen und komplexe Muster erschaffen: Man spielt Thema A, spielt dann noch einmal Thema A, dann Thema B, dann wieder A, A und B. Dann hat man die Folge AAB AAB. Das kann man nun natürlich weiter ausbauen z.B. in AAB AAB AAC AAB AAB oder in AAB AAB CCD CCD AAB AAB. Das sieht natürlich sehr mathematisch oder auch „kristallin" aus, aber es hat eine interessante musikalische Wirkung. Insbesondere beim Trommeln spielt dieser Aufbau von Tonfolgen eine große Rolle.

Es gibt noch viele andere Tonfolgen-Muster. Manche von ihnen ergeben sich geradezu auf natürliche Weise wie z.B. bei dem Zupfen auf der Gitarre. Dabei werden mit der linken Hand verschiedene Akkorde gegriffen und man zupft mit der rechten Hand immer dieselbe Folge von Saiten, z.B. „1. Saite – 6. Saite – 4. Saite – 5. Saite".

Vor allem bei der Gitarre gibt es eine große Vielfalt bezügliche der Weise, in der man Töne erzeugt – insbesondere das Schlagen von Akkorden, das Zupfen von Akkorden und das Spielen von Melodien auf einzelnen Saiten. Es kann daher die Möglichkeiten des eigenen Improvisierens deutlich erweitern, wenn man damit spielt, z.B. abwechselnd Akkorde zu schlagen, zu zupfen und Melodien aus Einzeltönen zu spielen.

Irgendwann könnte es auch hilfreich sein, sich einmal anzuschauen, welche Tonleitern es gibt und sie einmal auf dem eigenen Instrument zu spielen und ihrer Klangfarbe und ihrer Stimmung zu lauschen. Man sollte jedoch nicht bei den $2 \cdot 12$ üblichen Tonleitern (Dur und Moll) bleiben, sondern auch ein bißchen mit selbstausgedachten Tonleitern experimentieren. Diese Tonleitern müssen auch nicht unbedingt (wie üblich) 7 Töne haben, sondern können auch aus 5 oder 8 Tönen bestehen. Dabei kann man vieles entdecken – manche Tonleitern klingen wie Kinderlieder, manche anderen rufen eine kriegerische Stimmung hervor, noch andere klingen orientalisch. Hier gibt es viel zu entdecken.

6. Anwendung

Man sollte schon möglichst früh auch damit beginnen, durch sein Improvisieren Stimmungen ausdrücken – erst dadurch wird die Musik lebendig werden.

Eine Melodie braucht ein „Herz" und dieses „Herz" der Melodie kann man immer nur selber sein.

Dabei hilft es, die eigene Gitarre oder Flöte oder was auch immer zur Hand zu nehmen, wenn man einmal traurig oder depressiv oder albern oder wütend ist. Dann spielt man einfach die Töne, die man dann intuitiv spielt. Dabei kann man ruhig einmal heftig in die Tasten des Klaviers „hauen" und die schrägsten Akkorde spielen, die Flöte so heftig überblasen, sodaß sie quietscht und scheppert oder auf der Gitarre wahllos laute und schräge Akkorde schlagen.

Möglicherweise wird man erstaunt sein, wie intensiv diese improvisierte Musik die eigenen Gefühle ausdrücken kann – und wie gut es tut, diese Gefühle auf diese Weise auszudrücken!

Hier ist es wieder wichtig, daß man nicht versucht, etwas „technisch Wertvolles" zu erschaffen – wenn man fünf Minuten lang immer wütender immer nur denselben Ton spielt, ist das völlig o.k! Es geht nur darum, daß die Gefühle aus dem eigenen Inneren den Weg in das Instrument finden. Wie das dann klingt und ob das jemand anderem gefallen würde, ist erst einmal völlig egal.

Wenn man es erst einmal erlebt hat, daß man das, was man ist und was man fühlt, auf diese Weise ausdrücken kann, dann wird man das mit großer Wahrscheinlichkeit des öfteren machen – einfach, weil es gut tut.

Dabei kommt es keineswegs darauf an, daß es heftige Gefühle sein müssen – auch Melancholie oder einen schöne Erinnerung oder Tagträume von einem Leben im Mittelalter können solche Gefühle sein, die ihren Weg in das eigene Instrument finden können.

Es geht nicht um einen hohen technischen Anspruch an diese improvisierte Musik, sondern um ganz einfache Tonfolgen. Intensive Musik ist nur selten kompliziert – es gibt durchaus intensive und zugleich komplizierte Musikstück, aber das ist recht selten. Das, was hier wichtig ist, ist das Erschaffen einer Verbindung von den eigenen Gefühlen zu den Tönen auf dem eigenen Instrument.

Dabei wird die Musik nicht konstruiert, sondern man läßt sie einfach so fließen, wie sie fließen will.

Wenn man nicht gerade auf einer Flöte o.ä. spielt, kann man auch zu den Gitarrentönen, zu der Klaviermelodie oder zu dem Trommeln improvisiert singen – einfach nur Vokale oder auch in dem Augenblick improvisierte Sätze, die sich auf die derzeitige Stimmung beziehen. Das kann ein ganz neues Erlebnis sein …

7. Themen

Die Anregungen im vorigen Kapitel bezogen sich auf Gefühle, die man selber gerade in dem betreffenden Augenblick hat und die man dann durch improvisierte Musik ausdrückt. Das läßt sich auf mehrere Weisen erweitern.

So kann man sich in ein wichtiges Thema im eigenen Leben „hineinfühlen", auch wenn es im Augenblick gerade im Hintergrund gestanden hat. Man hat dann natürlich ein wenig mehr Distanz zu dem Gefühl in diesem Lebensthema als wenn es gerade am Emporbrodeln wäre, aber man kann trotzdem einmal schauen, ob man den Kontakt zu diesem Thema bekommen und sich dann „in das Thema hineinspielen" kann.

Man kann sich auch Natur-Phänomene wie eine Meeresküste, ein Gewitter, einen Sonnenaufgang, eine Gruppe von Delphinen im Meer, eine Herde Steinböcke in den Alpen usw. vorstellen und aus diesem Bild heraus zu improvisieren beginnen.

Wenn man schon einige Zeit auf seinem Instrument improvisiert hat und sich darin allmählich sicherer geworden ist, wird man evtl. auch gefragt, ob man bei einer Taufe, einer Hochzeit oder bei einer Beerdigung spielen will. Dabei ist es dann wichtig, daß man tatsächlich einen Bezug zu den betreffenden Menschen hat, da man, wenn man nicht „berührt" ist, auch keine Gefühle durch das eigene Spiel ausdrücken wird.

Man kann diese Art des Improvisierens auf viele Weisen ausweiten: Man kann sich etwas Konkretes vorstellen, das man sozusagen durch sich selber hindurch spielen läßt. Dies kann eine Rose im eigenen Garten sein, die Amsel, die man jeden Abend singen hört, das Birkenwäldchen hinter den Feldern, der große Berg auf der anderen Seite des Flusses, der Bergkristall auf dem eigenen Schreibtisch, das Sternbild Orion am winterlichen Nachthimmels usw.

Wenn man in Traumreisen geübt ist, kann man auch zunächst eine Traumreise zu dem unternehmen, wozu man Musik improvisieren will. Wenn man dann den Achat, die Rose, den Hirsch, den Berg, die Gottheit oder was auch immer man ausgewählt hat, durch eine solche Traumreise näher kennengelernt hat, ermöglicht einem dieser engere Kontakt, den Charakter des betreffenden Wesens durch die eigene Musik auszudrücken. Das kann zu einem intensiven Erlebnis werden.

Wenn man bereits einmal bei einer Familienaufstellung teilgenommen hat, gibt es noch eine Möglichkeit, die recht tief gehen kann. Bei einer Familienaufstellung bekommt man telepathisch Kontakt zu einem Menschen, den man überhaupt nicht kennt, aber dessen Charakter man intuitiv sehr präzise darstellen kann. Diese Methode kann man auch beim Musik-Improvisieren anwenden: Man verbindet sich innerlich (telepathisch) z.B. mit der Seele eines Freundes und sagt dieser Seele, daß man sich wünscht, daß sie nun durch die eigenen Hände auf dem eigenen Instrument für diesen Freund „dessen Lied" spielt. Wenn dies gelingt, wird der Freund anschließend das Gefühl haben, daß er selber auf der Harfe das eigene Lied gespielt hat, obwohl er weder Harfe spielen kann noch das eigene Lied gekannt hat.

Diese Methode der Musik-Improvisation klingt vermutlich sehr anspruchsvoll, aber sie ist sehr viel einfach als es klingt. Im Grunde ist es das Beste, es einfach einmal auszuprobieren – egal, wie oft man schon Telepathie erlebt hat und ob man überhaupt schon einmal an einer Familienaufstellung teilgenommen hat. Die Grundgeste ist sehr schlicht: Man überläßt der Seele des anderen für eine bestimmte Zeit die eigenen Hände.

Bei dieser Art des Musik-Improvisierens wird man oft feststellen, daß man das eigene Instrument auf eine Weise spielt, auf die man noch nie zuvor gespielt hat.

Diese Methode kann man auf viele Weisen verwenden: Man kann für das eigene Krafttier spielen bzw. das eigene Krafttier das eigene Instrument spielen lassen, man kann auf diese Weise eine Gottheit rufen, man kann jemanden, der an der Grenze zur Panikattacke steht, beruhigen, man kann für einen Kranken Heilung rufen usw.

Diese Richtung der Musik-Improvisation kann zu einem sehr wirksamen Hilfsmittel in der Magie und im Kult werden.

8. Variationen

Die Variation ist mit der Improvisation nah verwandt. Die Variation improvisiert nicht völlig frei, sondern sie improvisiert in einem Rahmen, mit einem Bezug zu etwas. Auch das Improvisieren zu einem Thema, das im vorigen Kapitel beschrieben worden ist, hat einen solchen Rahmen, aber dieser Rahmen oder besser dieser Bezugspunkt ist ein allgemeines Thema und kein musikalisches Thema.

Man kann, wenn man möchte, ein bekanntes musikalisches Thema benutzen, um durch das Spielen dieses Themas „in den Fluß" und „in Stimmung" zu kommen und dann dieses Thema allmählich zu verändern und schließlich in die freie Improvisation zu gelangen. Vielleicht bleibt man auch dabei, das ausgewählte Thema einfach nur auf immer neue Weise zu variieren.

Falls die eigene freie Improvisation aus irgendeinem Grunde einmal stocken sollte, obwohl man ein Gefühl in sich hat, das man gerne durch Musik-Improvisation ausdrücken würde, kann man auch eine zu der Stimmung passende Melodie als „Starthilfe" auswählen und sie spielen und dann allmählich von dieser Melodie aus über die Variation dieser Melodie zur freien Improvisation gelangen.

Schließlich gibt es noch die Möglichkeit, zu etwas, was ein anderer gerade spielt oder zu einem Musikstück, das man gerade hört, etwas zu improvisieren. Das ist zwar eigentlich keine Variation, aber diese Art des Spielens hat dieselbe Art des musikalischen Rahmens wie das Variieren. Man kann sich diese Art des „gebunden Improvisierens" zu bereits vorhandener Musik auf dem Stück „Wish You were here" auf der gleichnamigen CD von Pink Floyd anhören.

Diese Art der Improvisation zu einem bereits vorhandenen Musikstück ist insofern recht interessant, als daß dieses Musikstück von einem anderem als einem selber stammt und daher eine andere Grundstimmung hat als die, in denen man selber normalerweise ist. Man läßt sich also auf eine andere Stimmung ein, aber bleibt zugleich durch das Improvisieren im eigenen Ausdruck frei. Daher kann man mithilfe dieser Methode „auf freie Weise" von anderen Musikern und deren Techniken lernen, ohne sich in den Stil der anderen Musiker einfügen zu müssen.

9. Komponieren

Vermutlich wird man irgendwann an den Punkt kommen, daß einem eine der eigenen Melodie so gut gefällt, daß man sie festhalten will. Das einfachste ist, sie mithilfe eines Handys oder eines Mikrophons und eines PCs aufzunehmen. Man kann auch die Notenschrift erlernen und sie aufschreiben. Manche Menschen haben auch ein so gutes Gedächtnis, daß sie die Melodie einfach auswendig lernen können.

Falls man dann Geschmack am Komponieren findet, gibt es (wie immer) viele Möglichkeiten, wie man dabei vorgehen kann:

- Man kann eine Melodie, die man aufgenommen hat, in Notenschrift übertragen und sie glätten, spannen, ergänzen und auf vielfältige Weise „zurechtfeilen".

- Man kann von einer Melodie, die einem besonders gut gefällt, ausgehen und sie variieren, sie ausweiten, sie in einen musikalischen Rahmen einbetten, eine Begleitung dazu schreiben usw.

- Man kann auch von einer bestimmten Stimmung (Trauer, Wut, Sehnsucht usw.) oder von einem bestimmten Thema (Sonnenaufgang, Poseidon, Pan usw.) ausgehen und schrittchenweise nach Noten, Melodien, Arrangements usw. suchen, die diese Stimmung bzw. dieses Thema ausdrücken.

- Man kann auch ein Musikstück konstruieren, indem man ein bestimmtes Thema nimmt und es systematisch variiert, in einer anderen Tonart spielt, es mit anderen Instrumenten spielt, es durch ein zweites Thema ergänzt oder durch dieses zweite Thema eine Spannung zu dem ersten aufbaut usw.

- Man kann schließlich auch mit mit Stift und Papier improvisieren, indem man die Noten aufschreibt und sie dabei innerlich hört – so hat z.B. Beethoven komponiert, als er bereits fast ganz taub geworden war.

Diese Art der „komponierenden Improvisation" ist allerdings deutlich einfacher, wenn man auf seinem PC ein Notenprogramm hat, bei dem man die Noten, die man schreibt, jeweils auch hört. Mit der Zeit wird dann gewissermaßen der PC zu einem Musikinstrument, auf dem man improvisiert – das ist anfangs ein etwas seltsames Gefühl, aber man gewöhnt sich schnell daran.

- Man kann auch ein einfaches Thema, eine Melodie oder einen Liedtext mit Melodie gefunden haben, den man dann immer wieder spielt und dabei ein wenig verändert, durch etwas ergänzt usw. Dieses „nach einem ersten Entwurf improvisierende und variierende spielerische Suchen nach einer besseren Version" kann man auch als Band machen – viele Songs der Beatles sind auf diese Weise entstanden.

Wenn man zu komponieren beginnt, ist eine längere Zeit zuvor, in der man hauptsächlich improvisiert hat, sehr hilfreich, da dies die Kreativität in hohem Maße fördert.

Das Komponieren ist auch eine Form der Improvisation, nur das sie sehr viel komplexer ist, da sie meist mehrere Instrumente umfaßt, die man ja nicht gleichzeitig spielen kann. Man improvisiert also in nicht mit einem Instrument, sondern in der eigenen Vorstellung.

Dabei ergeben sich viele neue Möglichkeiten:

- Generell ergibt das Zusammenspiel mehrerer Instrumente sehr viel vielfältigere Klangmöglichkeiten als das Spiel eines einzigen Instruments.

- Man kann das Stück um den Text herum aufbauen – dann wäre dieses Musikstück ein Lied bzw. Song.

- Man kann ein Stück als „Meldodie-Instrument plus Begleitung" komponieren. Das nennt man in der klassischen Musik dann z.B. „Oboen-Konzert".

- In dem Stück kann man vor allem auf den Klang der Instrumente achten, d.h. das Stück lebt von seiner Klang-Stimmung.

- Eine andere Möglichkeit ist die Komplexität dessen, was die einzelnen Instrumente spielen – solch ein Stück lebt von der Virtuosität des Spiels der Instrumente. Diesen Ansatz findet man sowohl in den klassischen Konzerten als auch im Hard Rock.

- Wieder andere Stücke leben davon, daß mindestens einer der Musiker in der Lage ist, in jeden Ton sehr viel Gefühl zu legen. Dies beherrscht z.B David Gilmour von Pink Floyd sehr gut.

- Noch eine andere Möglichkeit ist die Kreativität, also das Schaffen von neuen oder komplexen Formen, die jedoch stets dem musikalischen Ausdruck untergeordnet belieben. Dies findet sich u.a. bei den ersten CDs der Band Genesis an sehr vielen Stellen.

- Manchmal sind es ungewohnte Emotionen, die sehr intensiv ausgedrückt werden, die ein Musikstück berühmt werden lassen wie z.B. der erste Satz von „Winter" von Vivaldis „Vier Jahreszeiten", Bachs „Toccata und Fuge", Beethovens 1. Satz der 5. Sinfonie und der 2. Satz seiner 7. Sinfonie, die Einleitung „Fortuna Imperatrix Mundi" zur Carmina Burana von Carl Orff u.ä.

Diese Liste ließe sich noch lange weiterführen, aber für das Erlernen der „komponierenden Improvisation" ist hier nur ein grober Eindruck der möglichen Vielfalt notwendig.

Man sollte über das Komponieren, das ja immer eine feste Form anstrebt, jedoch nie das reine Improvisieren vergessen, das eine größere Lebendigkeit oder zumindestens eine größere Direktheit und Spontanität und daher auch eine stärkere Bindung an den Augenblick hat.

10. Hilfen

Die wichtigste Hilfe beim spielerischen Erlernen der Improvisation ist der Kontakt zu sich selber: Man spielt aus sich selber heraus. Daher sollte man sich beim Improvisieren Zeit lassen – sowohl beim Spielen selber als auch in Bezug auf die Komplexität und das technische Niveau der eigenen Musik.

So hat z.B. der schon erwähnte David Gilmour in späterem Alter noch das Spielen des Saxophons erlernt und für seine CD „On an Island" das Stück „Red Sky at Night" aufgenommen, das ein Saxophon-Solo mit ein wenig musikalischem Hintergrund ist. Obwohl dieses Stück technisch gesehen beinahe minimalistisch ist, ist doch jeder Ton so emotional, daß man dieses Stück und diese Stimmung gar nicht besser spielen könnte.

Es ist auf jeden Fall wichtig, niemals ein komplexes Spiel anzustreben, um die anderen mit den eigenen technischen Fähigkeiten zu beeindrucken. Es spricht natürlich nichts dagegen, diese technischen Fähigkeiten zu haben und auf der Gitarre 64tel-Noten spielen zu können, aber man sollte sie nur dort spielen, wo sie von dem her, was man ausdrücken will, auch gebraucht werden. Die Technik muß sich immer in den Dienst des Ausdrucks stellen, sonst verliert das Musikstück seine Seele.

Es ist generell sinnvoll, beim Improvisieren mit dem Einfachen zu beginnen und dann allmählich zum Komplexen weiterzugehen. Vorsichtshalber sollte man zwischendurch immer wieder einmal die ganz einfachen Dinge spielen: eine kleine Melodie auf der Blockflöte, einen Rhythmus auf der Trommel, eine Akkordfolge auf der Gitarre … Die Gefahr, sich in Technik und Konstruktion und Musiktheorie zu verlaufen, ist groß.

Es gibt noch einen ganz anderen Aspekt beim Improvisieren von Musik: die Umgebung. Damit ist jetzt nicht nur das Zimmer gemeint, in dem man spielt, sowie die Akustik dieses Zimmers.

Man kann z.B. wenn man wandern geht, seine Blockflöte mitnehmen und einmal an einem einsamen Bach oder auf einer Waldlichtung spielen. Es ist auch etwas völlig anderes, ob man mit seiner Harfe zuhause auf seinem Teppich sitzt oder in dem Rittersaal einer alten Burg oder unter einer alten Eiche auf einem Hügel, von dem aus man eine weite Ebene, auf der einige Hügelgräber stehen, überblicken kann. Möglicherweise fühlt es sich auch ganz anders an, auf der eigenen Bratsche in einem Raum zu spielen, von dem man weiß, daß hier einst Johann Sebastian Bach komponiert hat.

Jedesmal, wenn man ein neues Instrument zu spielen beginnt (und es gibt fast unendlich viele verschiedene Instrumente), ist dies, als ob man eine neue Stimme erhalten würde, die man zuvor nicht gehabt hat. Das ist jedesmal eine Bereicherung –

man kann auf einer Bratsche nicht dieselbe Musik und nicht dieselben Stimmungen improvisieren wie z.B. auf einer Metall-Querflöte oder auf einer Sitar. Jedes Instrument hat seine eigene Grundstimmung.

Etwas ganz Ähnliches gilt auch für das Hören von Musik aus einer Stilrichtung, die einem bisher noch unbekannt war: mittelalterliche Renaissance-Musik, ein indianischer Sonnentanz, japanische Koto-Musik, tibetischer Baß-Gesang, westafrikanische Trommel-Musik, „kosmische Musik" von Tangerine Dream oder Klaus Schulze usw. Das Hören solcher „fremdartiger" Musik kann sehr inspirierend sein, da man dabei ganz neue Klangfarben, Rhythmen, Tonleitern, Instrumente, Sprachen usw. hören kann, die die eigenen Vorstellungen darüber, wie Musik klingen kann, bereichern können und daher auch die Möglichkeiten der eigenen Improvisation erweitern können.

Schließlich gibt es noch eine Hilfsmethode, die aus der Magie stammt. Wenn man ein bestimmtes Thema hat, über das man etwas improvisieren oder komponieren will, kann man schauen, welcher bekannte Komponist etwas in einer Stimmung komponiert hat, die zu diesem Thema paßt. Zu einem heftigen, aber zugleich sensiblen Selbstausdruck würde z.B. Beethoven passen.

Dann kann man sich mit seinem Instrument hinsetzen bzw. sich vor den eigenen PC an das Kompositions-Programm setzen und sich auf Beethoven konzentrieren. Man stellt ihn sich möglichst lebhaft und bildlich vor und geht dann dazu über, sich vorstellen, daß man selber Beethoven sei – sozusagen eine „Beethoven-Invokation".

Das kann man dadurch vorbereiten, daß man sich Bilder von Beethoven anschaut oder aufmerksam Musik von Beethoven anhört.

Dann beginnt man sozusagen „als Beethoven" zu improvisieren bzw. zu komponieren. Der Effekt dieser Methode ist deutlich größer als man ihn sich vermutlich zunächst einmal vorstellen wird …

11. Improvisation in Systemen

Man kann die Improvisation auch in Bezug zu verschiedenen Systemen setzen, um ihren Charakter besser zu verstehen. Das geht natürlich dann am besten, wenn man diese Systeme bereits gut kennt. Als solche Systeme kann man viele verschiedene Systeme wählen:

- die vier Elemente (Feuer, Wasser, Luft, Erde),

- die zwölf Tierkreiszeichen (Widder, Stier, Zwillinge, Krebs, Löwe, Jungfrau, Waage, Skorpion, Schütze, Steinbock, Wassermann, Fische)

- die geschichtlichen/kulturellen Epochen (Altsteinzeit, Jungsteinzeit, Königtum, Materialismus, Globalisierung),

- die verschiedenen Kulturen (Abendland, Indianer, Indien, China/Japan, Südsee, Afrika, Südamerika usw.)

- die verschiedenen Musikensembles (Kammerorchester, Sinfonieorchester, Rock-Band, Gamelan-Orchester, afrikanische Trommelgruppe usw.)

Dank des Internets, youtube u.ä. ist es heute sehr einfach, sich diese Musikrichtungen anzuhören und sich dann vorzustellen, wie es wäre, in diesem Stil zu improvisieren – oder gleich ganz konkret auf dem eigenen Musikinstrument zu dieser Musik zu improvisieren.

Etwas anspruchsvoller ist es, z.B. impulsiv und intensiv wie „Feuer" zu improvisieren oder idealistisch und zielstrebig wie ein „Schütze".

Hier sollte man das wählen, was einen anspricht, und womit man sich bereits auskennt.

Wenn man andere Musik-Systeme auch in theoretischer Hinsicht erforscht, kann man manchmal interessante Dinge finden, an die man bisher vielleicht noch gar nicht gedacht hat:

- In der orientalischen Musik gibt es oft recht komplexe Takte wie z.B. den 15/4-Takt, der sich aus der Folge „4/4 – 4/4 – 4/4 – 3/4" zusammensetzt. Diese Takte können durchaus auch noch komplexer sein. Diese Form des „komplexen Taktes" erfordert ein hohes Maß an Konzentration sowohl von den Musikern als auch von den Tänzern.

- In den indischen Ragas kommt es oft vor, daß es Tonleitern gibt, bei denen man, wenn man von einem tiefen Ton zu einem hohen Ton geht, andere Töne benutzt, als wenn man von einem hohen zu einem tiefen Ton geht. Diese „zweifachen Tonleitern" bestehen also aus einer „aufsteigenden Tonleiter" und einer „absteigenden Tonleiter". Das ist möglicherweise etwas, woran man als jemand, der die abendländische Musik gewohnt ist, noch nicht einmal gedacht hat.

- In der afrikanischen Musik gibt es den Master-Drummer, der eine Aufgabe hat, die dem Dirigenten ähnelt, aber trotzdem anders ist. Die meisten afrikanischen Tänze sind aus mehreren Einheiten aufgebaut, die bestimmte Themen und Stimmungen darstellen.

Bei einem Kriegstanz können dies z.B. das Aufnehmen der Waffen, das Schwingen der Zauberstäbe, der Ritt zum Feind, das Anrufen der Ahnen um Hilfe usw. sein. Zu jedem dieser Teile des Tanzes gehört eine bestimmte Weise des Trommelns, die z.B. aus vier 4/4-Takten bestehen kann. In diesem Fall wären auch die Tanzbewegungen vier 4/4-Takte lang, damit sie zu dem Trommel-Motiv passen.

Der Master-Drummer hat die Aufgabe, zu spüren, wann ein Teil dieses Tanzes seine Kraft entfaltet hat und wenn es daher an der Zeit ist, zu dem nächsten Teil überzugehen. Wenn der Master-Drummer dies entschieden hat, spielt er viermal einen 4/4-Takt lang entweder immer eine bestimmte Signal-Melodie auf seiner Trommel oder den Rhythmus, den er bei dem Teil des Tanzes spielen würde, der jetzt folgen soll.

Durch dieses Signal des Masterdrummers wissen alle anderen Trommler und auch die Tänzer, daß am Ende dieser vier 4/4-Takte eine neue Art des Trommelns und des Tanzes beginnen wird.

- In Tibet gibt es eine Art des Gesangs, die ansonsten nirgendwo anders üblich ist. Rein technisch gesehen, besteht diese Gesangstechnik darin, daß man die Stimmbänder völlig locker schwingen läßt, d.h. sie nicht wie sonst üblich, anspannt. Dadurch läßt sich ein Baß erzeugen, der noch einmal mindestens eine Oktave unter den sonst üblichen tiefsten Tonhöhen im Gesang liegt.

Bei dieser Gesangsmethode kann man nur eine einzelne Tonhöhe singen, da die Tonhöhe durch die verschiedene Spannung in den Stimmbändern erzeugt wird – und dieser Baß eben durch das Lockerlassen der Stimmbänder entsteht. Wenn diese Spannung der Stimmbänder fortfällt, fällt auch die Modulation der Tonhöhe fort.

Diese Art des Gesangs wirkt sehr stark auf das Wurzelchakra und regt die

Kundalini an.

Die Musik-Improvisation kann durch den Bezug auf diese „exotischen" Musik-Richtungen oder durch den Bezug auf eine bestimmte Qualität wie eines der vier Elemente oder der zwölf Tierkreiszeichen noch einmal dazu angeregt werden, sich neue Möglichkeiten zu erschließen.

Bei der Musik-Improvisation kommt es natürlich nicht darauf an, möglichst exotische und noch nie gehörte Dinge zu spielen, aber es kann hilfreich sein, sich ungewohnte Dinge anzuhören und sich in sie einzufühlen, um die eigenen spielerischen Möglichkeiten zu erweitern. Diese „technischen Erweiterungen" sollten jedoch stets dem untergeordnet bleiben, was man ausdrücken will.

Dieses Grundprinzip der „schlichten Zielstrebigkeit" findet man überall dort, wo jemand eine Sache gut beherrscht. So beherrscht z.B. Lionel Messi, den viele für den besten Fußballer überhaupt halten, sehr viele Ball-Kunststücke, die geradezu zirkusreif sind und nur sehr selten von anderen Fußballern nachgeahmt werden können, aber Messi ordnet diese Fähigkeiten stets seinem Ziel, ein Tor zu schießen, unter. Er gibt nie an, er macht während eines Spiels nie eine Show aus seinen Fähigkeiten, er ordnet sie stets seinem Ziel unter – daher ist er so effektiv.

Genau diese Klarheit in der Ausrichtung auf ein Ziel braucht man auch beim Improvisieren von Musik – man muß wissen, was man will und dann jegliche Technik diesem Ziel unterordnen. Dann ist man effektiv.

Das Ziel bei dem Improvisieren von Musik kann natürlich auch mal sein, daß man einfach Spaß haben will oder eine neue Technik ausprobieren will – dagegen spricht wirklich nichts, wenn man weiß, was man wann warum tut. Lediglich musikalische Technik und Virtuosität, um zu zeigen, daß man das kann, ist ein wenig hohl … Und gute Musik entsteht niemals durch gute Technik, sondern dadurch, daß die Musik einen lebendigen Inhalt hat.

Ein Musikstück braucht eine Seele – sonst ist es keine Bereicherung, sich dieses Musikstück anzuhören.

12. Zusammenfassung

Eigentlich gibt es nun nicht mehr viel zu sagen.

- Man sollte spielerisch vorgehen und erst einmal durch Ausprobieren das Instrument kennenlernen.

- Das Erlernen der Musik-Improvisation ist auf einem neuen Instrument, das man noch nicht spielen kann, am einfachsten.

- Es ist sinnvoll, erst einmal einfache Melodien zu spielen. Schlichtheit ist fast immer förderlich.

- Man sollte Spiel-Technik und Musik-Theorie nur in kleinen Portionen zu sich nehmen und sie erst einmal verdauen, bevor man den nächsten Bissen zu sich nimmt. Das Erlernte wird immer erst dann wertvoll, wenn es zu einem Erlebnis wird und aufhört, Technik und Theorie zu sein.

- Es kann anregend sein, sich neue Instrumente und neue Musikrichtungen anzuhören.

- Das Improvisieren von Musik braucht ein Herz. Dieses Herz, aus dem heraus man spielt, kann eine Stimmung, ein Gefühl, ein Landschafts-Motiv und vieles andere sein – man kann sich auch in einen anderen Menschen hineinversetzen und dann das Wesen dieses Menschen spielen. Man kann sich sogar in einen bekannten Komponisten hineinversetzen und dann wie dieser Komponist spielen.

- Das wichtigste bleibt jedoch immer der spielerische Zugang: Man hat den Impuls, das Instrument zu ergreifen und tut dies und spielt dann „einfach drauflos" und läßt die Musik aus dem Augenblick heraus und aus dem, was einen in diesem Augenblick erfüllt, fließen.

Dieses Improvisieren von Musik kann zu einer großen Bereicherung im eigenen Leben werden, die man dann nie mehr missen will.

Viel Freude bei der Entdeckungsreise zur Improvisation!

Bücher von Harry Eilenstein

- The Synthesis of Physics and Magic (192 p.)	- Money Magic for Beginners (60 p.)
- Telepathy for Beginners (60 p.)	- Magic Objects for Beginners (64 p.)
- Telepathy for Advanced Learners (52 p.)	- Shamanism for Beginners (52 p.)
- Telekinesis for Beginners (56 p.)	- Chakra-Magic for Beginners (148 p.)
- Life Force for Beginners (76 p.)	- Language of the Moon – for Beginners (128 p.)
- Kundalini for Beginners (104 p.)	- Self Knowledge for Beginners (60 p.)
- Astral Projection for Beginners (60 p.)	- Da'ath-Magic for Beginners (64 p.)
- Meditation for Beginners (60 p.)	- Astrology for Beginners (112 p.)
- Prophecy for Beginners (60 p.)	- Number Symbolism for Beginners (64 p.)
- Ritual Magic for Beginners (64 p.)	- Mandalas for Beginners (76 p.)
- Magic Chant for Beginners (108 p.)	- Crop Circles for Beginners (344 p.)
- Invocations for Beginners (52 p.)	- Feng Shui for Beginners (96 p.)
- Evocations for Beginners (62 p.)	- Magic Research for Beginners (140 p.)
- Auto-Movement for Beginners (60 p.)	
- Elves for Beginners (56 p.)	- Magic for Beginners – Anthology I (636 p.)
- Hypnosis for Beginners (56 p.)	- Magic for Beginners – Anthology II (616 p.)
- Love Magic for Beginners (52 p.)	- Magic for Beginners – Anthology III (684 p.)
	- Magic for Beginners – Anthology IV (580 p.)

Religion allgemein
- Die sieben Schritte des Lebens (428 S.)
- Muttergöttin und Schamanen (168 S.)
- Totempfähle (440 S.)
- Der Urriese (168 S.)

Jungsteinzeit
- Göbekli Tepe (472 S.)
- Die Göttin von Göbekli Tepe (144 S.)

Ägypten
- Hathor und Re 1: Götter und Mythen im Alten Ägypten (432 S.)
- Hathor und Re 2: Die altägyptische Religion – Ursprünge, Kult und Magie (396 S.)
- Isis (508 S.)

Christentum
- Christus (60 S.)
- Die Biographie des Teufels (144 S.)

Indogermanen
- Die Entwicklung der indogermanischen Religionen (700 S.)
- Wurzeln und Zweige der indogermanischen Religion (224 S.)

Griechen
- Pan (336 S.)
- Poseidon (668 S.)

Inder
- Dakini (80 S.)
- Vajra (76 S.)

Germanen
- Die Götter der Germanen (87 Bände – siehe nächste Seite)
- Odin (300 S.)

Kelten
- Cernunnos (690 S.)
- Taliesin (228 S.)
- Der Kessel von Gundestrup (220 S.)
- Der Chiemsee-Kessel (76)

Psychologie
- Über die Freude (100 S.)
- Das Geheimnis des inneren Friedens (252 S.)
- Das Beziehungsmandala (52 S.)
- Gefühle und ihre Verwandlungen (404 S.)
- einsgerichtet (140 S.)
- Liebe und Eigenständigkeit (216 S.)
- Von innerer Fülle zu äußerem Gedeihen (52 S.)

Heilung
- Die Symbolik der Krankheiten (76 S.)

Kunst
- Herz des Tanzes – Tanz des Herzens (160 S.)
- Die Wurzeln der Kunst (60 S.)
- Wege zur Musik-Improvisation (32 S.)

Drama
- König Athelstan (104 S.)

„Magie für Anfänger"	**Magie**
- Telepathie für Anfänger (60 S.)	- Handbuch für Zauberlehrlinge (408 S.)
- Telepathie für Fortgeschrittene (52 S.)	- Tarot (104 S.)
- Telekinese für Anfänger (52 S.)	- Physik und Magie (184 S.)
- Analogien für Anfänger (56 S.)	- Die Synthese von Physik und Magie (200S.)
- Lebenskraft für Anfänger (60 S.)	- Die Magie-Formel (156 S.)
- Meditation für Anfänger (56 S.)	- Schwarze Löcher in der Magie (56 S.)
- Kundalini für Anfänger (100 S.)	- Krafttiere – Tiergöttinnen – Tiertänze (112 S.)
- Hypnose für Anfänger (56 S.)	- Schwitzhütten (524 S.)
- Auto-Movement für Anfänger (56 S.)	- Mythen und Magie der Harfe (116 S.)
- Chakra-Magie für Anfänger (148 S.)	- Drei Adeptus Major Rituale (192 S.)
- Astralreisen für Anfänger (56 S.)	**Meditation**
- Astrologie für Anfänger (120 S.)	- Der Lebenskraftkörper (230 S.)
- Silberschnüre für Anfänger (52 S.)	- Die Chakren (100 S.)
- Zaubersprüche für Anfänger (60 S.)	- Das Chakren-System mit den Nebenchakren (296S.)
- Ritual-Magie für Anfänger (56 S.)	- Organe und Chakren (64 S.)
- Mandalas für Anfänger (68 S.)	- Die platonischen Körper in den Chakren (156 S.)
- Geldzauber für Anfänger (56 S.)	- Meditation (140 S.)
- Liebeszauber für Anfänger (52 S.)	- Drachenfeuer (124 S.)
- Invokationen für Anfänger (52 S.)	- Kundalini I (676 S.)
- Evokationen für Anfänger (60 S.)	- Kundalini II (672 S.)
- Geister für Anfänger (52 S.)	- Reinkarnation (156 S.)
- Elfen für Anfänger (56 S.)	- einsgerichtet (140 S.)
- Magie-Forschung für Anfänger (140 S.)	**Astrologie**
- Magie-Romantik für Anfänger (60 S.)	- Astrologie (496 S.)
- Selbsterkenntnis für Anfänger (52 S.)	- Photo-Astrologie (428 S.)
- Einweihungen für Anfänger (60 S.)	- Die astrologischen Aspekte (88 S.)
- Drogen-Kabbala für Anfänger (216 S.)	- Horoskop und Seele (120 S.)
- Zahlensymbolik für Anfänger (60 S.)	**Kabbala**
- Die Sprache des Mondes – für Anfänger (116 S.)	- Kursus der praktischen Kabbala (150 S.)
- Zaubergesänge für Anfänger (100 S.)	- Eltern der Erde (450 S.)
- Zukunftschau für Anfänger (60 S.)	- Blüten des Lebensbaumes:
- Schamanismus für Anfänger (52 S.)	- Die Struktur des kabbalistischen
- Schwitzhütten für Anfänger (52 S.)	Lebensbaumes (370 S.)
- Magische Gegenstände für Anfänger (68 S.)	- Der kabbalistische Lebensbaum als
- Zaubertränke für Anfänger (64 S.)	Forschungshilfsmittel (580 S.)
- Magie-Gesten für Anfänger (252 S.)	- Der kabbalistische Lebensbaum als
- Da'ath-Magie für Anfänger (64 S.)	spirituelle Landkarte (520 S.)
- Kornkreise für Anfänger (348 S.)	
- Feng Shui für Anfänger (96 S.)	
- Tao für Anfänger (112 S.)	
- Magie für Anfänger – Sammelband I (696 S.)	
- Magie für Anfänger – Sammelband II (664 S.)	
- Magie für Anfänger – Sammelband III (580 S.)	
- Magie für Anfänger – Sammelband IV (700 S.)	
- Magie für Anfänger – Sammelband V (S.)	
„Traumreisen"	
- Traumreisen zu Heilpflanzen (700 S.)	
Eilenstein, Frater V.D., Knecht, Büdenbender	**Büdenbender, Eilenstein**
- Magie heute – Berichte aus der Praxis (288 S.)	- Chaos, Alk und Magic (436 S.)
- Living Magic (261 p.)	

Die Themen der 87 Bände der Reihe „Die Götter der Germanen"

1. Die Entwicklung der germanischen Religion
2. Lexikon der germanischen Religion
3. Der ursprüngliche Göttervater Tyr
4. Tyr in der Unterwelt: der Schmied Wieland
5. Tyr in der Unterwelt: der Riesenkönig   Teil 1
6. Tyr in der Unterwelt: der Riesenkönig   Teil 2
7. Tyr in der Unterwelt: der Zwergenkönig
8. Der Himmelswächter Heimdall
9. Der Sommergott Baldur
10. Der Meeresgott: Ägir, Hler und Njörd
11. Der Eibengott Ullr
12. Die Zwillingsgötter Alcis
13. Der neue Göttervater Odin   Teil 1
14. Der neue Göttervater Odin   Teil 2
15. Der Fruchtbarkeitsgott Freyr
16. Der Chaos-Gott Loki
17. Der Donnergott Thor
18. Der Priestergott Hönir
19. Die Göttersöhne
20. Die unbekannteren Götter
21. Die Göttermutter Frigg
22. Die Liebesgöttin: Freya und Menglöd
23. Die Erdgöttinnen
24. Die Korngöttin Sif
25. Die Apfel-Göttin Idun
26. Die Hügelgrab-Jenseitsgöttin Hel
27. Die Meeres-Jenseitsgöttin Ran
28. Die unbekannteren Jenseitsgöttinnen
29. Die unbekannteren Göttinnen
30. Die Nornen
31. Die Walküren
32. Die Zwerge
33. Der Urriese Ymir
34. Die Riesen
35. Die Riesinnen
36. Mythologische Wesen
37. Mythologische Priester und Priesterinnen
38. Sigurd/Siegfried
39. Helden und Göttersöhne
40. Die Symbolik der Vögel und Insekten
41. Die Symbolik der Schlangen, Drachen und Ungeheuer
42.a Die Symbolik der Herdentiere I
42.b Die Symbolik der Herdentiere II
43. Die Symbolik der Raubtiere
44. Die Symbolik der Wassertiere und sonstigen Tiere
45. Die Symbolik der Pflanzen
46. Die Symbolik der Farben
47. Die Symbolik der Zahlen
48. Die Symbolik von Sonne, Mond und Sternen
49.a Das Jenseits I – Das Hügelgrab
49.b Das Jenseits II – Der Jenseitsweg
50. Seelenvogel, Utiseta und Einweihung
51. Wiederzeugung und Wiedergeburt
52. Elemente der Kosmologie
53. Der Weltenbaum
54. Die Symbolik der Himmelsrichtungen und der Jahreszeiten
55.a Mythologische Motive I
55.b Mythologische Motive II
56. Der Tempel
57. Die Einrichtung des Tempels
58. Priesterin – Seherin – Zauberin – Hexe
59. Priester – Seher – Zauberer
60. Rituelle Kleidung und Schmuck
61. Skalden und Skaldinnen
62 Kriegerinnen und Ekstase-Krieger
63. Die Symbolik der Körperteile
64.a Magie und Ritual I
64.b Magie und Ritual II
64.c Magie und Ritual III
65. Gestaltwandlungen
66.a Magische Angriffs-Waffen
66.b Magische Verteidigungs-Waffen
67. Magische Werkzeuge und Gegenstände
68. Zaubersprüche
69. Göttermet
70. Zaubertränke
71. Träume, Omen und Orakel
72. Runen
73. Sozial-religiöse Rituale
74. Weisheiten und Sprichworte
75. Kenningar
76. Rätsel
77. Die vollständige Edda des Snorri Sturluson
78. Frühe Skaldenlieder
79.a Mythologische Sagas I
79.b Mythologische Sagas II
80. Hymnen an die germanischen Götter